W9-BZG-392

Les loutres

Texte d'Adrienne Mason

Illustrations de Nancy Gray Ogle

Texte français de Martine Faubert

BIBLIOTHÈQUE PUBLIQUE
DU CANTON

J'EXPLORE

LA FAUNE

Les éditions Scholastic

Pour Ava et Patrice — A.M.
Pour ma sœur, Lori, et mon beau-frère — N.G.O.

Je tiens à remercier tout d'abord Jane Watson, du Malaspina University College à Nanaimo (C.-B.), pour ses conseils et la relecture de mon manuscrit. Merci également à Stacey Roderick pour son expertise en matière d'édition et pour sa gentillesse, qui rend le travail avec Kids Can Press toujours si agréable. Enfin, je remercie Valerie Wyatt qui, depuis dix ans, a su traiter avec un doigté d'experte plusieurs de mes textes en chantier et dont les réserves d'encouragement et de soutien semblent infinies.

Copyright © Adrienne Mason, 2003, pour le texte.
Copyright © Nancy Gray Ogle, 2003, pour les illustrations.
Copyright © Les éditions Scholastic, 2003, pour le texte français.
Tous droits réservés.

Il est interdit de reproduire, d'enregistrer ou de diffuser, en tout ou en partie, le présent ouvrage par quelque procédé que ce soit, électronique, mécanique, photographique, sonore, magnétique ou autre, sans avoir obtenu au préalable l'autorisation écrite de l'éditeur. Pour la photocopie ou autre moyen de reprographie, on doit obtenir un permis auprès de la Canadian Copyright Licensing Agency (Access Copyright), en consultant le site www.accesscopyright.ca ou en téléphonant sans frais au 1 800 893-5777.

Conception graphique de Marie Bartholomew

Édition publiée par Les éditions Scholastic,
175 Hillmount Road, Markham (Ontario) L6C 1Z7,
avec la permission de Kids Can Press Ltd.

5 4 3 2 1   Imprimé à Hong-Kong, Chine   03 04 05 06

Catalogage avant publication de la
Bibliothèque nationale du Canada

Mason, Adrienne
    Les loutres / texte de Adrienne Mason ;
    illustrations de Nancy Gray Ogle ;
    texte français de Martine Faubert.

(J'explore la faune)
Traduction de: Ottors.
Pour enfants de 5 à 10 ans.
ISBN 0-439-97560-3

1. Loutres–Ouvrages pour la jeunesse.
I. Ogle, Nancy Gray II. Faubert, Martine
III. Titre. IV. Collection.

QL737.C25M3814 2003   j599.769
C2002-904531-2

Sommaire

La famille des loutres

La loutre est un animal très actif qui aime s'ébattre dans l'eau ou à proximité et batifoler dans l'herbe du rivage. C'est un carnivore : elle se nourrit de la chair d'autres animaux. C'est une proche parente de la belette et du blaireau.

La loutre a le corps couvert d'une épaisse fourrure qui la tient bien au chaud, même quand elle est trempée.

La loutre est un mammifère. Les mammifères ont, pour la plupart, le corps couvert de poils et respirent à l'aide de poumons. Ils donnent naissance à des petits vivants et déjà formés. Comme tous les mammifères, la loutre a le sang chaud. La température de son corps ne change donc jamais, même quand celle de l'air varie.

Les loutres d'Amérique du Nord

Deux espèces de loutres vivent en Amérique du Nord :
la loutre de rivière et la loutre de mer.

La loutre de rivière a le corps allongé et une longue queue. Elle a la
tête aplatie et le museau arrondi. Le mâle adulte pèse de 7 à 14 kilos.
La femelle, plus petite, ne pèse que de 5 à 11 kilos. La loutre de
rivière vit sur la terre ferme et dans l'eau.

La loutre de mer est beaucoup plus grosse que la loutre de rivière. Le mâle adulte peut peser jusqu'à 43 kilos; c'est autant qu'un gros chien. La femelle pèse de 15 à 31 kilos. La loutre de mer vit dans l'eau salée.

Le savais-tu?

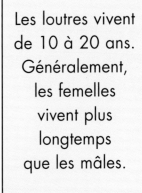

Les loutres vivent de 10 à 20 ans. Généralement, les femelles vivent plus longtemps que les mâles.

L'habitat

Il y a des loutres dans la plupart des régions de l'Amérique du Nord, à proximité des rivières, des lacs ou de l'océan. La loutre de rivière trouve sa nourriture, comme le poisson, dans les rivières. Son gîte est généralement un terrier creusé sur la terre ferme.

La loutre de mer vit dans l'océan Pacifique, généralement à proximité des côtes. On la trouve souvent là où des algues poussent en abondance. Elle y trouve de quoi se nourrir et se mettre à l'abri de ses ennemis.

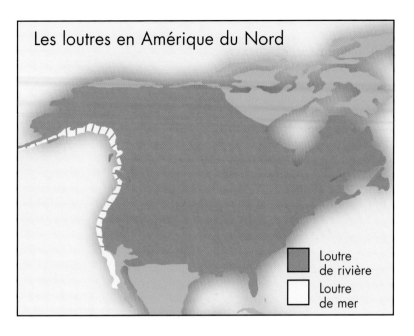

Les loutres en Amérique du Nord

Loutre de rivière
Loutre de mer

Les parties du corps

Les loutres ont un corps conçu pour la vie dans l'eau et sur la terre ferme. Même la loutre de mer sait marcher, quoique de façon très maladroite.

Les oreilles et le nez

Quand la loutre plonge, son nez et ses oreilles se referment afin d'empêcher l'eau d'y pénétrer.

Les dents

La loutre a de puissantes mâchoires garnies de solides dents dont elle se sert pour broyer sa nourriture.

Les poumons

La loutre a de très gros poumons qu'elle remplit d'air quand elle veut rester longtemps sous l'eau.

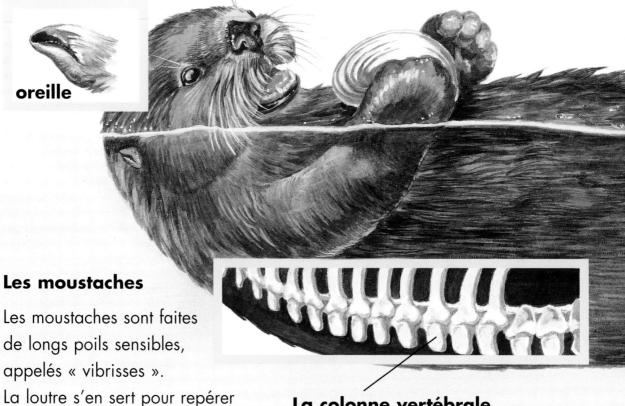

oreille

Les moustaches

Les moustaches sont faites de longs poils sensibles, appelés « vibrisses ». La loutre s'en sert pour repérer ses proies, comme le poisson, même dans les eaux brouillées par de la boue.

La colonne vertébrale

La colonne vertébrale de la loutre est très souple. Cela lui permet de se contorsionner afin de nettoyer sa fourrure jusqu'au milieu du dos.

Les pattes et les griffes

Des coussinets plantaires très sensibles permettent à la loutre de repérer et d'attraper ses proies sous l'eau. Elle les immobilise ensuite à l'aide de ses griffes acérées.

Le pelage

La fourrure de la loutre comprend deux sortes de poils. À la surface, de longs poils lisses, appelés « jarres », forment une couche imperméable. Dessous, un fin duvet, appelé « sous-poil », sert à capter les bulles d'air afin de former une couche isolante.

Les pattes postérieures

La loutre nage grâce à ses pattes postérieures palmées. La loutre de mer en a de si grosses qu'on dirait les nageoires d'un phoque.

La queue

La queue permet à la loutre de se propulser et de se diriger dans l'eau.

La toilette

La loutre prend grand soin de son pelage, car sa survie en dépend. Les bulles d'air emprisonnées dans le sous-poil préservent son corps contre le froid des eaux glaciales. Un pelage mal entretenu empêcherait la formation de cette couche isolante.

La loutre se sert de ses griffes acérées pour lisser et aérer son pelage. Ce toilettage lui permet de dépoussiérer le poil et de gonfler de bulles d'air le fin duvet.

La loutre peut aussi souffler sur son pelage pour le faire gonfler. La maman loutre le fait parfois pour ses petits.

La loutre a la peau très lâche. Elle peut tirer sur la peau de son dos et la ramener vers l'avant afin d'en nettoyer la fourrure. De cette façon, et grâce à la souplesse de sa colonne vertébrale, elle peut nettoyer elle-même le moindre recoin de son pelage.

Le savais-tu?

Le pelage de la loutre de mer est si dense qu'il peut compter jusqu'à un million de poils sur une surface grande comme un timbre.

La manière de se déplacer

Les loutres sont des animaux très actifs. Bonne nageuse et plongeuse, la loutre de rivière aime aussi s'ébattre sur la berge.

Lorsqu'elle nage, elle serre ses pattes antérieures contre son torse et se propulse à l'aide de ses pattes postérieures équipées de puissants muscles.

La loutre de rivière se déplace sans difficulté au sol, même sur la neige ou la glace. Elle peut aussi parcourir de longues distances séparant deux cours d'eau. Pour entrer dans l'eau, elle se laisse parfois glisser sur les berges enneigées ou boueuses des rivières.

La loutre de rivière nage généralement sur le ventre, à la surface de l'eau, en ne laissant dépasser que la tête.

Le savais-tu?

La loutre de mer passe huit heures par jour à nager en quête de nourriture.

La loutre de mer nage couchée sur le dos à la surface de l'eau. Elle se propulse par des mouvements des pattes postérieures et de la queue. Les mamans transportent souvent leurs petits quand elles nagent ou plongent. La loutre de mer peut rester sous l'eau jusqu'à quatre minutes.

La loutre de mer est très maladroite sur la terre ferme. Ses pattes arrière en forme de nageoires sont formidables pour la nage, mais deviennent un handicap quand il s'agit de marcher. C'est pourquoi elle ne s'aventure jamais très loin de la berge. Elle y vient pour se reposer ou lorsqu'elle est malade ou blessée.

L'alimentation

La loutre se nourrit de la chair d'autres animaux.
Son régime varie suivant l'endroit où elle vit.

Le
savais-tu?

La loutre de rivière nage assez vite pour attraper les poissons dont elle raffole. Elle se nourrit aussi de grenouilles, d'insectes, d'écrevisses et même de souris et d'oiseaux. Elle monte sur la berge pour déguster son repas.

La loutre de mer doit manger beaucoup afin de maintenir sa température corporelle dans les eaux glaciales de l'océan. En une journée, elle mange l'équivalent d'environ le quart de son poids.

La loutre de mer se nourrit de fruits de mer, comme les oursins, les escargots, les calmars, les crabes, et parfois aussi de poissons. Elle mange en se laissant flotter sur le dos. Elle transporte parfois une pierre sur sa poitrine, dont elle se sert pour casser les coquilles ou les carapaces de ses proies.

Le gîte

La loutre de rivière vit dans l'eau pour se nourrir, mais va sur la terre ferme pour se reposer et bâtir le nid où naîtront ses petits. Elle s'installe dans un arbre creux, dans une hutte de castor abandonnée ou encore dans le terrier qu'un autre animal a creusé dans la berge d'une rivière.

Contrairement à la loutre de rivière, la loutre de mer n'a pas de gîte. Elle vit dans l'océan, là où elle peut trouver de la nourriture en abondance et s'abriter contre les tempêtes. Souvent, elle s'installe dans un endroit où des algues forment de grandes forêts sous-marines. La nourriture y est abondante et la masse végétale réduit la force des vagues.

La loutre de rivière s'aventure parfois loin des berges, en quête de nourriture. Elle emprunte alors souvent les mêmes sentiers.

19

La naissance

Les loutres donnent naissance à des petits vivants et déjà formés.

Ceux de la loutre de mer naissent dans l'eau, en tout temps de l'année, mais le plus souvent au printemps ou au début de l'été. La loutre de mer n'a généralement qu'un seul petit à la fois. Dès la naissance, le petit a les yeux ouverts. Il ne sait pas nager, mais sa fourrure est si bien gonflée d'air qu'il flotte tout seul.

La mère transporte son petit sur son ventre ou son dos tant qu'il ne sait pas nager. Elle lui apporte sa nourriture et prend soin de son pelage.

La loutre de rivière met bas au printemps. Elle se cache dans un trou où elle donne naissance à un ou plusieurs petits, jusqu'à six. À la naissance, les petits sont sans défense. Leurs yeux ne s'ouvrent qu'au bout de trois semaines. Ils apprennent à nager vers l'âge de six semaines.

Parfois, la maman loutre de mer enveloppe son petit dans les algues afin de l'immobiliser à la surface de l'eau pendant qu'elle plonge en quête de nourriture.

La croissance et l'apprentissage

Le petit reste auprès de sa maman pendant un an. Il la suit partout et apprend à nager, à plonger, à trouver sa nourriture et à se défendre. La maman lui apprend aussi à prendre soin de son pelage.

Quand les petits sont prêts à affronter seuls le monde, ils quittent leur maman. Au bout d'un ou deux ans, ils trouveront un ou une partenaire avec qui ils auront à leur tour des petits.

Les loutres émettent toutes sortes de sons pour communiquer entre elles : cris, sifflements, gloussements et grognements. Les petits sont particulièrement bruyants. Souvent, quand ils sont seuls, ils émettent des cris stridents pour faire revenir l'adulte vers eux.

Les jeunes loutres jouent souvent à se chamailler. Bien plus qu'un simple jeu, c'est un véritable entraînement au combat qui leur permettra plus tard de faire face à leurs ennemis.

Les moyens de défense

La loutre de rivière marque son territoire avec ses excréments qui contiennent une substance malodorante sécrétée par une glande anale. Elle sait très bien se défendre contre les intrus. Elle peut même attaquer un castor ou un rat musqué jusque dans son terrier. Les lynx, les coyotes et les loups s'attaquent aux loutres. Les mamans loutres doivent protéger leurs petits contre les aigles, les hiboux et même contre certaines espèces de gros poissons.

La loutre de mer a peu d'ennemis, à part l'épaulard et le requin. Elle doit aussi protéger ses petits contre les aigles pêcheurs. Quand un ennemi est en vue, la maman coince son petit entre ses pattes antérieures et plonge vers le fond. Les loutres de mer se rassemblent souvent en grands groupes afin de mieux se défendre contre leurs ennemis. Les forêts d'algues marines représentent aussi un bon abri.

BIBLIOTHÈQUE PUBLIQUE
DU CANTON

Les loutres et les humains

Autrefois, la loutre de mer était chassée pour la beauté de sa fourrure. On en faisait des manteaux. De nos jours, des lois la protègent contre les chasseurs. Mais sa survie est menacée par les marées noires. Si son pelage est souillé de pétrole, même sur une toute petite surface, elle perdra sa chaleur corporelle et en mourra. La pollution des océans est aussi une menace pour son garde-manger.

Des mesures sont prises afin de protéger l'habitat de la loutre. Elles visent à maintenir et à améliorer la propreté et la santé des milieux aquatiques, en eau salée et en eau douce. Quand une loutre est victime d'une marée noire, on intervient pour débarrasser son pelage du pétrole et le nettoyer à fond. Et les aquariums les recueillent quand elles ont besoin de soins particuliers.

Le savais-tu?

La loutre de rivière aussi a été victime de la chasse. On faisait des chapeaux avec sa fourrure.

La loutre de rivière a besoin d'un milieu aquatique pour survivre. Il arrive qu'elle perde son habitat, où elle trouve normalement nourriture et refuge, quand des terres sont asséchées ou que les cours d'eau se font polluer.

Les loutres dans le monde

Voici quelques-unes des espèces de loutres qu'on rencontre dans le monde.

Afrique

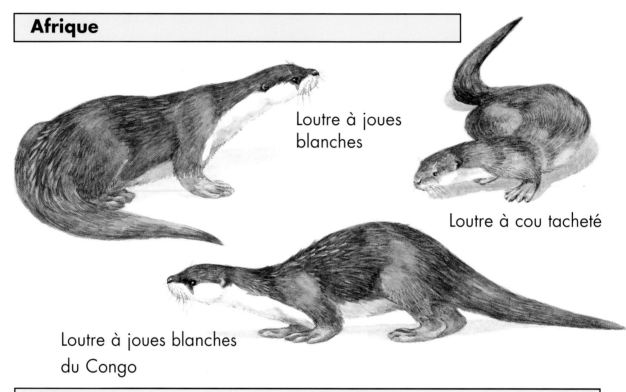

Loutre à joues blanches

Loutre à cou tacheté

Loutre à joues blanches du Congo

Asie

Loutre indo-iranienne

Loutre cendrée ou loutre naine

Loutre de Sumatra

Asie, Europe et Afrique

Loutre d'Europe

Le savais-tu?

On croyait que la loutre de Sumatra avait complètement disparu d'Asie quand, en 1998, on a trouvé trois petits de cette espèce.

Amérique du Sud

Loutre du Chili

Loutre de Patagonie

Loutre à grande queue

Loutre géante du Brésil

L'observation des loutres

La loutre de rivière va parfois chasser jusque dans l'océan. C'est pourquoi on la confond souvent avec la loutre de mer. Voici quelques caractéristiques qui permettent de les distinguer l'une de l'autre.

• Si la loutre est très active au sol ou sur un quai, alors c'est une loutre de rivière.

• Si la loutre est de la taille d'un gros chien, alors c'est sans doute une loutre de mer. La loutre de mer est un animal imposant, deux ou trois fois plus gros que la loutre de rivière.

• Si la loutre nage sur le ventre, c'est probablement une loutre de rivière. La loutre de mer nage plutôt sur le dos. Parfois, elle se repose en faisant la planche, les quatre pattes pointant hors de l'eau.

Voici encore quelques éléments à observer sur le territoire fréquenté par la loutre de rivière.

• Les empreintes que tu vois sur cette page sont celles d'une loutre de rivière en grandeur nature. Compare-les avec la grandeur de tes mains.

• Examine les berges des cours d'eau pour voir s'il n'y a pas des traces de glissade laissées par une loutre.

• Les excréments de la loutre de rivière contiennent généralement des fragments d'os et de carapaces.

Les mots nouveaux

algues marines : plantes qui poussent au fond des étendues d'eau salée.

carnivore : un animal qui se nourrit de la chair d'autres animaux.

excréments : les déchets évacués par la loutre.

glande anale : une glande située sous la queue de la loutre, qui sécrète un liquide nauséabond.

habitat : le milieu naturel dans lequel vit habituellement un animal.

jarres : les longs poils luisants qui donnent à la fourrure de la loutre son apparence lustrée.

mammifère : un animal à sang chaud et à fourrure, dont les bébés, qui naissent vivants et déjà formés, se nourrissent de lait maternel.

sang chaud : la température d'un animal à sang chaud reste chaude même si la température ambiante est froide.

sous-poil : le fin duvet qui forme une couche isolante permettant à la loutre de conserver sa température corporelle.

terrier : le gîte souterrain de la loutre de rivière.

toilettage : une activité très importante pour la survie de la loutre, qui consiste à nettoyer, peigner et faire gonfler sa fourrure.

vibrisses : les longs poils très sensibles qui forment la moustache de la loutre.

Index